Tomar el tiempo

Medidas del tiempo

Dianne Irving

Créditos de publicación

Editor
Peter Pulido

Editora asistente
Katie Das

Directora editorial
Emily R. Smith, M.A.Ed.

Redactora gerente
Sharon Coan, M.S.Ed.

Directora creativa
Lee Aucoin

Editora comercial
Rachelle Cracchiolo, M.S.Ed.

Créditos de imágenes

La autora y el editor desean agradecer y dar crédito y reconocimiento a los siguientes por haber dado permiso para reproducir material con derecho de autor: portada The Photo Library/Science Photo Library; p.1 Big Stock; p.4 Big Stock; p. 5 The Photo Library; p.6 The Photo Library; p.7 Harcourt Index; p.8 Corbis; p.9 (izquierda) Big Stock; p.9 (en medio) Shutter Stock; p.9 (derecha) Photo Disc; p.10 Big Stock; p.11 The Photo Library/Mary Evans Picture Library; p.12 Big Stock; p.13 Corbis; p.14 (izquierda) Australian Picture Library; p.14 (derecha) Big Stock; p.15 The Photo Library/Science Photo Library; p.16 Shutter Stock; p.17 123rf.com; p. 18 (izquierda) The Photo Library; p.18 (derecha) Shutter Stock; p.19 Australian Associated Press; p.20 Shutter Stock; p.21 The Photo Library; p.22 The Photo Library; p.24 Corbis; p.25 The Photo Library; p.26 The Photo Library/Alamy; p.27 The Photo Library; p.29 Shutter Stock

Teacher Created Materials
5301 Oceanus Drive
Huntington Beach, CA 92649-1030
http://www.tcmpub.com

ISBN 978-1-4333-0505-4

Contenido

¿Qué es el tiempo?

Es difícil decir qué es el tiempo. No podemos verlo ni tocarlo. El tiempo es cuando suceden las cosas. El tiempo incluye **eventos** del pasado y del presente. También incluye eventos del futuro.

Hoy podemos medir el tiempo con relojes de pared y relojes de pulsera.

¿Por qué medir el tiempo?

Medir el tiempo es muy importante. Si no midiéramos el tiempo, ¿cómo llegarías a la escuela a tiempo? ¿Cómo sabrías cuándo es tu cumpleaños?

Exploremos las matemáticas

Encuentra el día de tu cumpleaños en un calendario.

a. A partir de hoy, ¿cuántos días faltan para tu cumpleaños?

b. ¿En qué día de la semana cae tu cumpleaños el próximo año?

Noviembre						
dom	**lun**	**mar**	**mie**	**jue**	**vie**	**sab**
		1	2	3	4	5
6	7	8	9	10	11	12
13	14	15	16	17	18	19
20	21	22	23	24	25	26
27	28	29	30			

Hace mucho tiempo, la gente necesitaba saber cuándo hacer las cosas. Necesitaban saber cuándo plantar sus **cosechas**. Necesitaban saber cuándo realizar sus fiestas **sagradas**.

Antiguos campesinos egipcios sembrando sus cosechas

Medir el tiempo antiguamente

En el pasado, para medir el tiempo se usaban los eventos que sucedían una y otra vez. La gente usaba la posición del sol y de la luna para saber la hora. También se usaban las estrellas y los planetas.

Demos la vuelta

La Tierra y todos los otros planetas **orbitan** alrededor del sol. A la Tierra le toma 365 días para dar una vuelta completa alrededor del sol.

Tiempo que toma para orbitar el sol

Planeta	Número de días o años terrestres
Mercurio	88 días terrestres
Venus	225 días terrestres
Tierra	365 días terrestres
Marte	687 días terrestres
Júpiter	12 años terrestres
Saturno	29 años terrestres
Urano	84 años terrestres
Neptuno	165 años terrestres

Medir los años

Los antiguos egipcios se dieron cuenta de que el río Nilo se **inundaba** aproximadamente cada 365 días. Este evento fue usado para medir un año. Los antiguos egipcios contaban los días desde una inundación hasta la siguiente.

El río Nilo

El Nilo es el río más largo del mundo. Tiene 4,160 millas de largo (6,695 km).

El río Nilo fluye a través de 9 países en África.

Medir los meses

También se medía el tiempo por los cambios en la forma de la luna. El **ciclo** de la luna demora 29.5 días. Este ciclo llegó a conocerse como un mes.

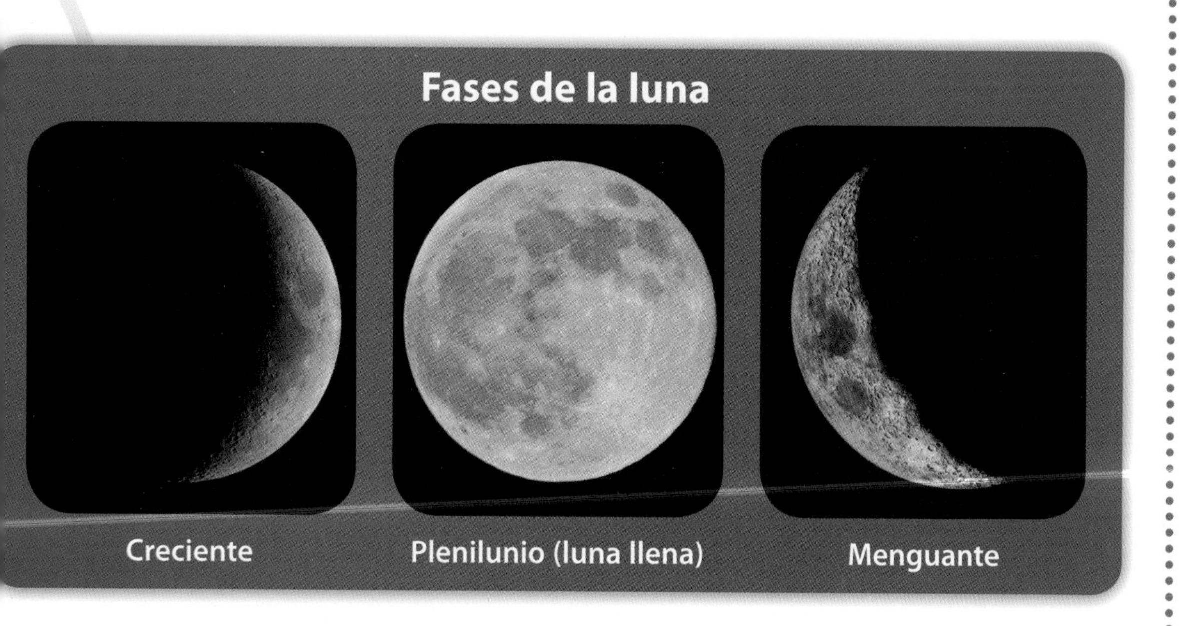

Exploremos las matemáticas

El ciclo de la luna demora aproximadamente 29 días. Si hubiera luna llena el 14 de marzo, ¿en qué fechas aparecerían las siguientes 2 lunas llenas? *Pista*: Usa el calendario para ayudarte.

Medir los días

También se usaba el sol para medir el tiempo. Es mañana o tarde cuando el sol está bajo en el cielo. Es mediodía cuando el sol está alto en el cielo. El ciclo del sol llegó a ser conocido como día.

Cuando el sol está bajo en el cielo oeste, es el atardecer.

En una vuelta

¿Has hecho girar una pelota de baloncesto en tu dedo? La Tierra gira de manera parecida en el espacio, pero muy lentamente. La Tierra demora 24 horas, o 1 día, en dar una vuelta completa.

Dividir el día

Las varillas de sombra

Los antiguos egipcios usaban varillas de sombra para medir el paso del tiempo durante el día. El sol brillaba en la varilla alta. La sombra de la varilla era usada para medir la hora del día. La gente usaba la posición de la sombra para dividir el día en 24 horas.

Este granjero revisa una varilla de sombra para ver qué hora del día es.

Sombras móviles

¿Alguna vez te has fijado en cómo se mueven las sombras en el suelo del patio de tu escuela durante el día? Esto sucede porque el sol se mueve hacia una parte diferente del cielo en momentos diferentes del día.

Los relojes solares

Con el tiempo, las varillas de sombra se transformaron en relojes solares. Un reloj solar tiene una superficie plana con números en ella. Cada número representa una hora del día.

¡Pero los relojes solares no funcionan de noche! No hay sombras cuando el sol se pone.

Los relojes solares eran más precisos que las varillas de sombra.

El sol está por todos lados

Los relojes solares fueron usados en la antigua Roma y en China.

Los relojes de agua

Este reloj usaba agua para medir el tiempo por la noche. El agua pasaba de una parte a la otra. El nivel del agua mostraba la hora.

El recipiente de un reloj de agua tiene marcas en los lados. Cada marca representa una hora.

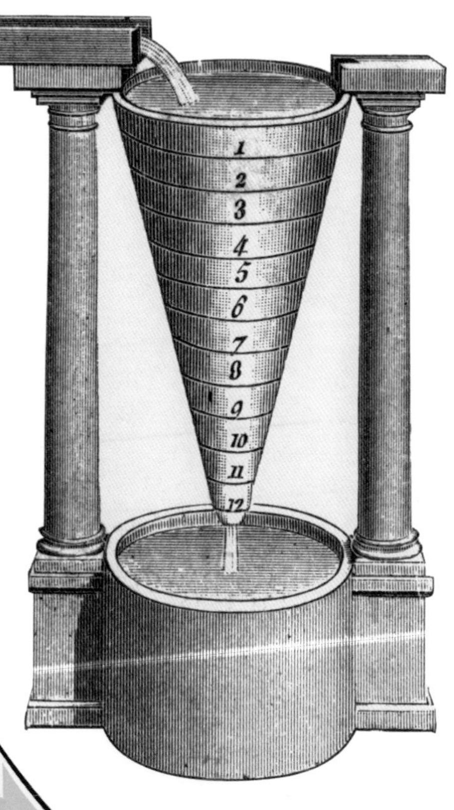

Exploremos las matemáticas

Imagina que cuando saliste de tu casa tu reloj de agua mostraba las 7:00 P.M. Cuando regresaste más tarde, el agua había bajado 4 marcas en el reloj. ¿Qué hora era cuando regresaste a casa? *Pista*: Recuerda que el agua tarda una hora en bajar una marca.

Los relojes de arena

A estos relojes se les llama relojes de arena. La arena que cae mide el tiempo. Cuanta más arena caiga, más tiempo ha transcurrido. ¡Pero tú tienes que voltearlos cuando la arena ha terminado de caer!

Las arenas del tiempo

Una cantidad común de tiempo medido por un reloj de arena era una hora.

Medidas mejores

Los relojes mecánicos

Los relojes **mecánicos** hicieron más **precisa** la medida del tiempo. Los primeros relojes mecánicos tenían pesas y resortes. Éstos movían las manecillas del reloj.

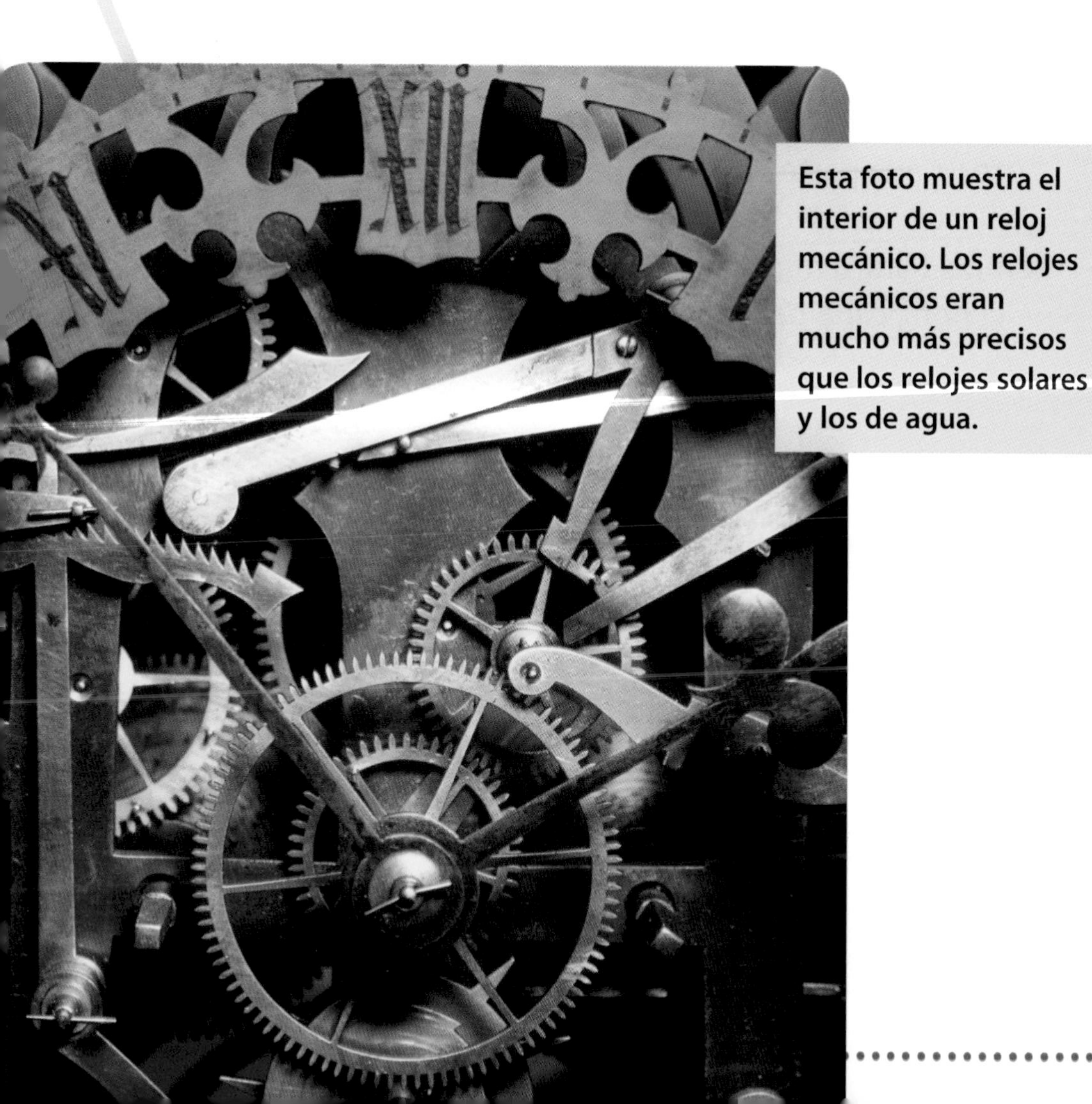

Esta foto muestra el interior de un reloj mecánico. Los relojes mecánicos eran mucho más precisos que los relojes solares y los de agua.

Los relojes de péndulo

Puede ser que hayas visto un reloj como éste. Se le llama reloj de **péndulo**. El péndulo se balancea de un lado al otro. Estos movimientos regulares hacen que los relojes mecánicos sean más precisos.

Esfera del reloj

La mayoría de las esferas de relojes muestra 12 partes. Cada parte es igual a una unidad de tiempo. Para la manecilla de la hora, cada parte es igual a una hora. Para la manecilla del minuto, cada parte es igual a 5 minutos.

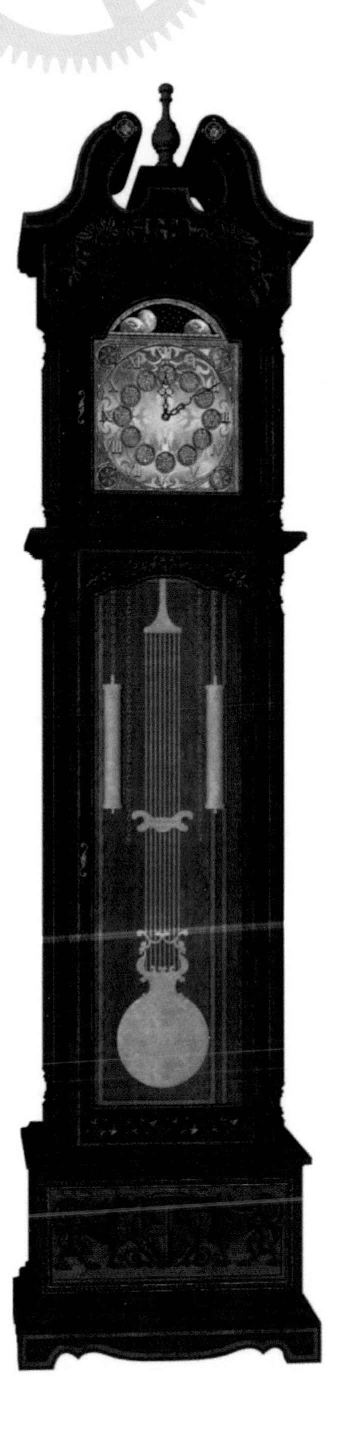

Cada movimiento del péndulo equivale a 1 segundo. Pero el movimiento del péndulo no siempre es **regular**. Eso significa que la hora que indica tu reloj de péndulo no siempre es correcta.

El tiempo del abuelo

Los grandes relojes de péndulo a menudo reciben el nombre de relojes del abuelo.

Exploremos las matemáticas

En un reloj del abuelo, el péndulo debe moverse una vez cada segundo.

¿Cuántas veces debe moverse el péndulo en:

a. 1 minuto?

b. 5 minutos?

c. 10 minutos?

Los relojes de cristal de cuarzo

Éste es un reloj de cristal de cuarzo. Un reloj de cristal de cuarzo no tiene péndulo. En lugar de éste, la **electricidad** hace que el cristal de cuarzo del reloj **vibre** para marcar el tiempo. Esto hace que el reloj sea más preciso que uno de péndulo.

Un reloj despertador de cristal de cuarzo

Tiempo portátil

Hoy, la mayoría de los relojes de pulsera contienen cristal de cuarzo.

Los relojes atómicos

Éste es un reloj atómico. Estos relojes usan **átomos** para marcar el tiempo. Los relojes atómicos son los más precisos.

Los relojes atómicos se usan para medir el tiempo en el mundo porque son los más precisos.

Exploremos las matemáticas

El tiempo digital se escribe como el número de minutos después de la hora. Así, 6:15 son 15 minutos después de las 6 o las 6 y cuarto. La media hora después de las 8 son 30 minutos después de las 8 y se escribe 8:30. Escribe la hora digital de:

a. media hora después de las 11

b. 45 minutos después de las 2 (o las 3 menos cuarto)

c. 30 minutos después de las 7

d. un cuarto después de las 5

Las unidades de tiempo

Medimos el tiempo usando diferentes unidades.

Unidades usadas para medir el tiempo	
segundo	unidad base
minuto	60 segundos
hora	60 minutos
día	24 horas
semana	7 días
mes	28–31 días
año	12 meses
década	10 años
siglo	100 años
milenio	1,000 años

Exploremos las matemáticas

Usa la tabla anterior para ayudarte a responder a estas preguntas.

a. ¿Cuántos minutos hay en ¼ hora?

b. ¿Cuántos minutos hay en ½ hora?

c. ¿Cuántos días hay en 4 semanas?

¿Cuántos segundos?

Hoy, la medida del tiempo se basa en el segundo. Un día tiene 86,400 segundos.

Las zonas horarias

¿Sabías que no es la misma hora en todos los países? La Tierra gira en el espacio. Es día en algunos países cuando es noche en otros. Esto significa que la hora es diferente en diferentes partes del mundo.

Conforme la Tierra gira, el sol brilla en diferentes países en horarios diferentes.

¡Las zonas horarias y la hora!

Hay 24 zonas horarias diferentes en el mundo. Cada zona horaria es 1 hora diferente de la siguiente.

Las zonas horarias ayudan con estas diferencias. Toda la gente que vive en una zona horaria fija sus relojes a la misma hora.

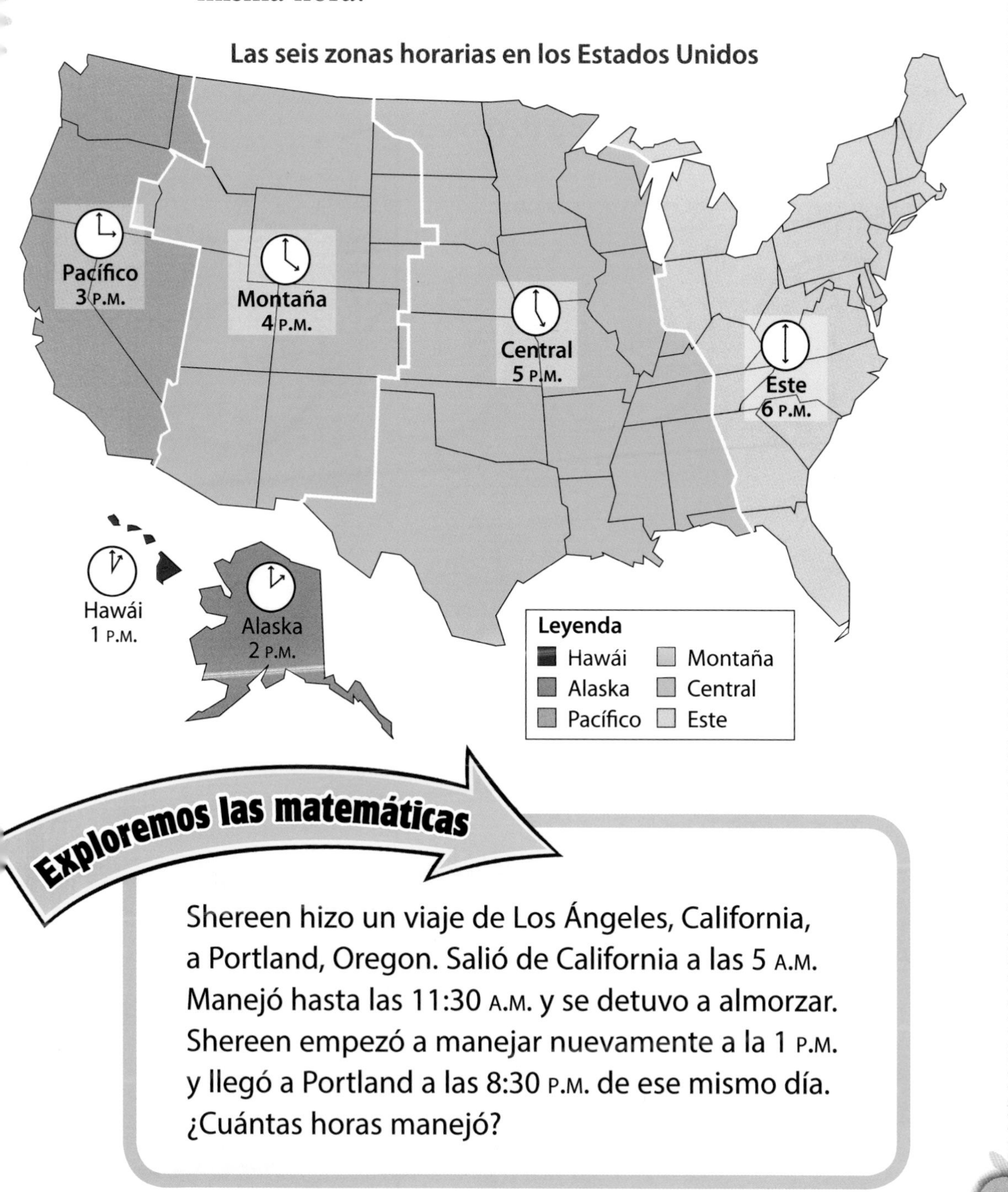

Exploremos las matemáticas

Shereen hizo un viaje de Los Ángeles, California, a Portland, Oregon. Salió de California a las 5 A.M. Manejó hasta las 11:30 A.M. y se detuvo a almorzar. Shereen empezó a manejar nuevamente a la 1 P.M. y llegó a Portland a las 8:30 P.M. de ese mismo día. ¿Cuántas horas manejó?

El tiempo mundial

Hay un "tiempo mundial" acordado. Se le conoce como Tiempo Universal Coordinado (UTC). Los relojes atómicos se usan en todo el mundo para darnos el UTC.

Los diferentes lugares en el mundo tienen horarios diferentes.

Exploremos las matemáticas

París está 6 horas delante de Nueva York. Entonces, cuando son las 9:00 A.M. en París, son sólo las 3:00 A.M. en Nueva York.

¿Qué hora es en Nueva York si:

a. son las 8:00 A.M. en París?

b. son las 6:30 P.M. en París?

La ciudad de Greenwich, Inglaterra, es el "comienzo" de las zonas horarias del mundo. Hay que agregar o restar horas de la hora en Greenwich para saber qué hora es en otros países.

Las zonas horarias mundiales empiezan en el Observatorio Real de Greenwich, Inglaterra.

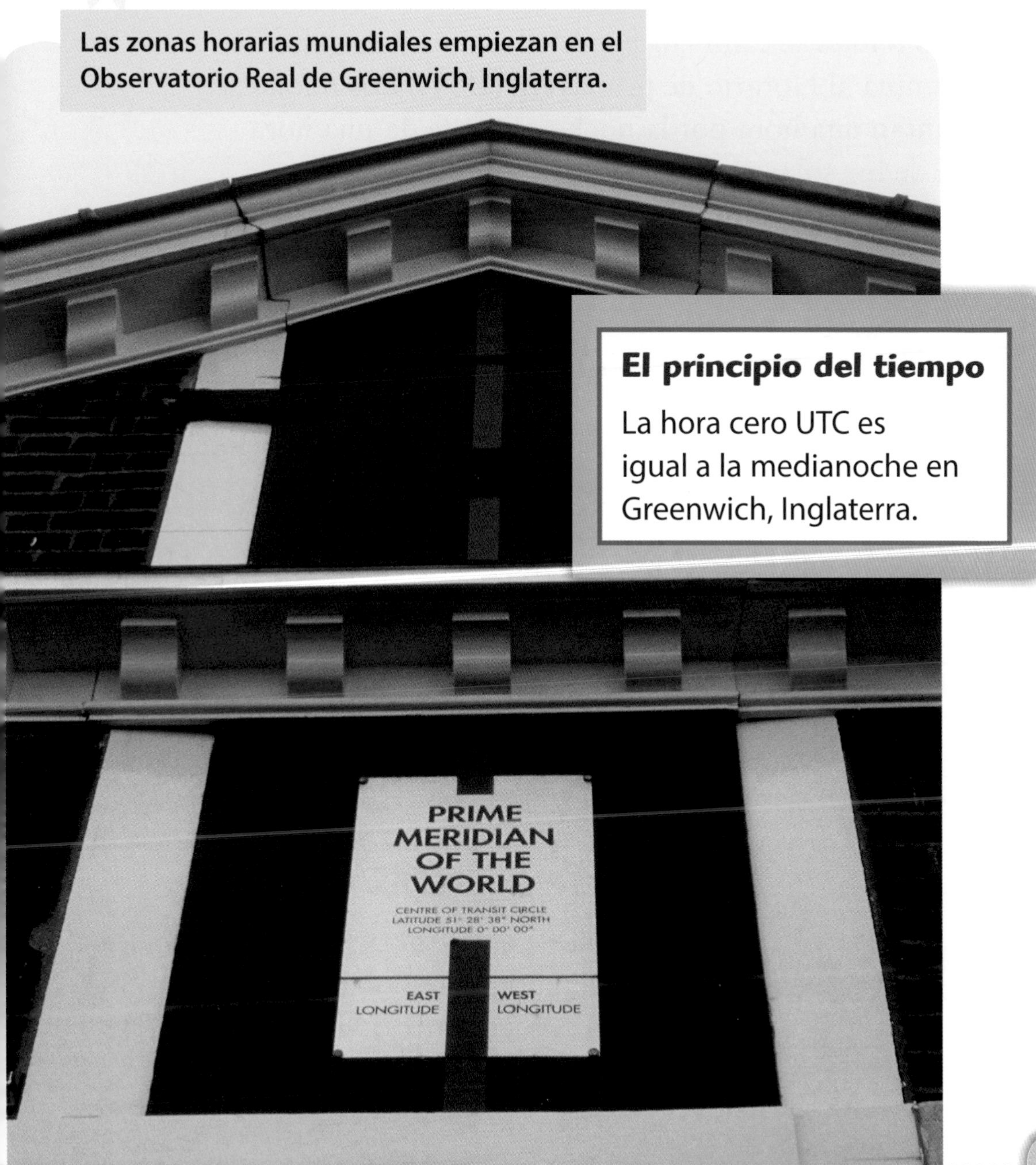

El principio del tiempo

La hora cero UTC es igual a la medianoche en Greenwich, Inglaterra.

El horario de primavera

Los relojes se cambian durante los meses de calor. Se les cambia al Horario de primavera (DST). Los relojes se adelantan una hora por la noche. ¡Esto te da una hora extra de luz solar para jugar!

DST en Estados Unidos

El DST empieza en los Estados Unidos el segundo domingo de marzo y termina el primer domingo de noviembre. No todos los estados tienen DST.

Llevar la cuenta del tiempo

Los calendarios y relojes son buenas maneras de llevar la cuenta del tiempo. Los cumpleaños también nos recuerdan el tiempo que pasa. Quizás conozcas de alguien que viva en otra parte del mundo. Puedes llamarle por teléfono en su cumpleaños. ¡Pero siempre verifica qué hora es en el lugar donde vive esa persona!

Actividad de resolución de problemas

Rivales en la piscina de natación

Algunos amigos participaban en una competencia de natación. A Deon le tomó 75 segundos nadar. El tiempo de Joelle fue 5 segundos más lento que el de Deon. El tiempo de Isaac fue 10 segundos más rápido que el de Deon. El tiempo de Carla fue 15 segundos más que el de Joelle.

¡Resuélvelo!

a. ¿Quién ganó la carrera?

b. ¿Cuáles fueron los tiempos finales de cada uno de los amigos?

Usa los pasos siguientes para ayudarte a resolver los problemas.

Paso 1: Encuentra los tiempos de Joelle, Isaac y Carla.

Paso 2: Ordena los 4 tiempos del más rápido al más lento.

Glosario

antiguo—muy viejo

átomos—los "bloques de construcción" muy pequeños de todo lo que ves a tu alrededor

ciclo—una serie de eventos que suceden una y otra vez en un cierto periodo de tiempo

cosechas—las plantas que crecen en grandes cantidades

electricidad—un tipo de energía hecha de una batería o generador

eventos—cosas que suceden o tienen lugar

inundado—cuando un río se ha desbordado de sus riberas

mecánico—operado por una máquina

órbita—la línea curva que algo sigue en el espacio alrededor de la Tierra o del sol

péndulo—una pesa que cuelga y se balancea hacia delante y hacia atrás

preciso—sin errores

regular—que sucede una y otra vez, siempre con el mismo periodo de tiempo entre un acontecimiento y el próximo

sagrado—especial porque tiene que ver con la religión

vibrar—mover cantidades pequeñas de un lado al otro, por lo general con mucha rapidez

Índice

Respuestas

Exploremos las matemáticas

Página 5:

Las respuestas variarán.

Página 9:

12 de abril y 11 de mayo

Página 13:

4 marcas = 4 horas

7:00 P.M. + 4 horas = 11:00 P.M.

Página 17:

a. 60 veces en 1 minuto

b. 300 veces en 5 minutos

c. 600 veces en 10 minutos

Página 19:

a. 11:30

b. 2:45

c. 7:30

d. 5:15

Página 20:

a. 15 minutos

b. 30 minutos

c. 28 días

Página 23:

5 A.M. a 11:30 A.M. = 6 horas y 30 minutos

1 P.M. a 8:30 P.M. = 7 horas y 30 minutos

Shereen manejó 14 horas.

Página 24:

a. 2:00 A.M. en Nueva York

b. 12:30 P.M. en Nueva York

Actividad de resolución de problemas

a. Isaac ganó la carrera.

b.

Nadador	Tiempo
Isaac	65 segundos
Deon	75 segundos
Joelle	80 segundos
Carla	95 segundos